AF358267

PLAIDOYER

PRONONCÉ

DANS L'AFFAIRE DES TROUBLES DE MONT-FERRAND,

A L'AUDIENCE DE LA COUR D'ASSISES DU DÉPAR-
TEMENT DU PUY-DE-DOME ;

PAR M^e. A. TALLON.

Le 17 Novembre 1831.

IMPRIMERIE DE THIBAUD, LIBRAIRE,

RUE DES TAULES, N°. 6.

1832

AU PATRON DE MON DÉBUT.

Hommage

DE LA PLUS VIVE RECONNAISSANCE.

PLAIDOYER

PRONONCÉ

PAR M. A. TALLON.

MESSIEURS,

L'entrée dans la carrière du barreau a pour un jeune homme un aspect imposant, qui fait naître en son âme des sensations auxquelles il chercherait en vain à résister ; c'est en effet pour lui une nouvelle existence qui, en le séparant du passé pour le lancer dans un autre avenir, doit nécessairement imprimer dans son cœur des émotions en rapport avec les nouveaux devoirs qu'il s'impose et les dettes nouvelles qu'il contracte envers la société.

Telle est, Messieurs, la position où je me trouve. Oui, ce n'est qu'en tremblant que je viens remplir devant vous une tâche bien noble, il est vrai, mais bien au-dessus de mes faibles moyens ; toutefois, aidé par les conseils d'une des gloires de notre barreau, d'un de ces respectables confrères, toujours prêts à servir d'appuis et de guides aux jeunes novices, jaloux de marcher sur leurs traces ; et qui daigne m'honorer ici de sa bienveillante assistance.

Plein d'espoir dans cette protection, dont les magistrats de cette Cour daignèrent toujours encourager les premiers essais du barreau ; enfin, Messieurs, confiant dans votre indulgente attention, j'essaierai de m'acquitter, sinon avec le talent qu'elle demande, du moins avec tout le zèle possible, de la mission dont je suis chargé. Puissent mes faibles efforts trouver de nobles inspirations dans cette consolante idée que je viens ici payer une dette à l'humanité, en prenant la défense des malheureux compatriotes qui m'ont chargé de recouvrer, à travers les rigueurs des lois, leur honneur et leur liberté.

Messieurs les jurés,

Réveillé par le canon de juillet, le cri de mort contre les droits réunis a trouvé, d'un pôle de la France à l'autre, des échos qui, en sens inverse des lois de la nature, rendent les sons plus forts, plus distincts, à mesure qu'ils s'éloignent dans l'espace des temps.

Mais en revanche, depuis un an, les bancs des assises sont, à chaque session, garnis de malheureux habitans de nos villes ou de nos campagnes, arrachés à leur famille pour avoir à répondre aux pieds de la justice de cette haine implacable qu'ils ont vouée à ces droits, devenus plus que jamais impopulaires.

Aujourd'hui encore le glaive des lois poursuit dans cette enceinte, dix hommes de cette classe si intéressante de la société, dix cultivateurs enfin, que l'accusation vous signale, sinon comme les auteurs, du moins comme les complices des désordres qui éclatèrent le 26 août dernier, dans la ville de Montferrand.

Ah! messieurs, lorsqu'avant de subir les chances des jugemens des hommes, déjà on a respiré l'atmosphère humiliante de leurs prisons, lorsque, par une fatalité cruelle, décimé sur tous ses concitoyens, on a expié d'avance une faute dont on ne saurait se regarder coupable; combien il est difficile d'imposer à sa défense le langage de la modération! Que de violence à souffrir pour faire taire celui d'une bien juste amertume! Eh bien! tel pourtant sera le but constant de nos efforts: oui, nous laisserons à ceux qui nous veulent des fers, le style sévère d'un zèle passionné pour l'observation des lois.

Que l'accusation vous représente donc ceux que vous avez à juger comme des conspirateurs d'état, dangereux ennemis de la paix publique. Qu'elle aille plus loin, qu'elle réclame contre eux toutes vos rigueurs, en vous faisant craindre que l'impunité n'enhardisse bientôt le peuple, et ne le décide à fouler aux pieds les lois d'une nation civilisée, pour conquérir la licence des hordes barbares, libre, à elle bien libre.

Quant à nous, plus confians dans l'humanité entière, plus confians dans notre propre cause, nous saurons, sans fiel, et dans tout l'abandon de la sécurité, l'exposer à vos lumières: nous savons, en effet, que si nous sommes en présence de nos juges, nous parlons à des concitoyens placés dans une position sociale telle, qu'eux seuls peuvent bien comprendre la vérité de notre procès; c'est vous dire, Messieurs, toute l'étendue de notre infortune.

Vous le savez, Messieurs les jurés, après qu'une révolution eût imposé une ère nouvelle à la France, depuis le fauteuil de nos grands diplomates, qui règlent la destinée des nations, jusqu'à l'humble canapé de nos salons, chacun à sa manière commenta les conséquences de cette révolution, pour le bonheur commun. N'y avait-il donc que l'homme de nos champs qui dût rester étranger à des événemens qui purent ébranler jusqu'au dernier échellon de l'ordre social; alors même que c'était cet homme qui devait en retirer les plus grands avantages, conséquemment, qui avait à faire le plus de sacrifices, même celui de son sang pour les obtenir? Non... Ainsi que sous les lambris du riche, sous le chaume il est aussi des publicistes, et si nous voulons bien comprendre les événemens qui nous occupent, c'est là qu'il faut venir étudier les conséquences que l'homme de cet humble réduit attendait de cette grande époque. Pour cela, interrogeons-le un instant, ou plutôt, identifions-nous en lui, pensons ses pensers, rétrogradons avec lui vers ses souvenirs.

Et d'abord, c'est une vérité que le temps nous a rendu évidente : le peuple n'échangea quinze années de paix, contre un nouvel ordre de choses, qu'il ne connaissait pas, que parce que, dans ce nouvel ordre de choses, il crut entrevoir le gage certain d'un meilleur avenir. Cet espoir était pour lui d'autant plus décisif que, plus que jamais, à cette époque, il soupirait après un allégement de ses misères. Que lui importait, au surplus, de savoir

quelle étoile venait éclairer son avenir, si, d'ailleurs, elle
le guidait vers la félicité?

Jadis un comte d'Artois, en secouant sur le sol Fran-
çais la poussière de l'exil, annonça, comme un pacte
d'aillance et de réconciliation, l'abolition à tout jamais
des droits réunis. Il nous souvient encore, Messieurs,
quelle fut alors la joie publique; mais plus tard, le sceptre
ayant paralysé la main de Charles X, arbitre des desti-
nées des rois, Dieu voulut qu'au jour d'une grande faute
ce monarque se trouvât seul en face de sa détresse, et le
peuple, peu oublieux de ceux qui l'osent oublier, vît
crouler son trône et ne dit rien. Cependant, ne présu-
mons pas trop de ce naturel populaire, avouons plutôt que
s'il se décida à garder ce silence, qui fut non plus la le-
çon, mais bien l'arrêt des rois, c'est qu'il crut que la
chute d'une couronne anéantirait pour jamais les tribus
vexatoires qui pesaient sur lui.

Il le crut! Aussi l'avez-vous vu, Messieurs, dans l'excès
enthousiaste de sa bonne foi, fidèle esclave de toute voix
qui sut, dans ce sens, exploiter le langage de la liberté,
se lever en masse, renverser les remparts du fisc, fouler
aux pieds leurs satellites qui, tant de fois, lui deman-
dèrent, sur le seuil de sa ville natale, un dernier tribu-
taire, avec ce ton et cette grâce qui dévalisent au détour
de la forêt.

Enfin, ce qu'il avait rêvé, son bras avait pu le conquérir. Un instant il fut libre dans toute l'acception populaire. Ah! je conçois maintenant qu'avec la rapidité de
l'éclair une révolution ait embrasé tout le ciel de ma
patrie! Je conçois qu'ébloui par de grandes illusions un
peuple ait vu d'un œil sévère appareiller le vaisseau qui
allait encore une fois porter ses rois à l'exil!....

Cependant, suivons encore l'homme du peuple dans
les phases de la joie que dût lui inspirer une révolution
opérée pour lui. Patience, Messieurs, nous voilà déjà au
dernier période de son enthousiasme; lorsque, sur les dé-
bris tout fumans d'un trône renversé, un nouveau se fut
élevé; que l'heure du positif eut sonné, las du sommeil
confiant où, pendant des jours de provision, l'avaient
bercé ces prestiges attrayans d'une liberté sans bornes,

cet homme chercha bientôt autour de lui la réalité de ce bonheur, à lui tant promis.

Hélas! la réalité dont il s'assura à son réveil, encore une fois, ne fut pas celle qu'il attendait. Les impôts dont il croyait n'avoir que l'exécrable souvenir, les droits réunis enfin, lui étaient rendus. Son clocher avait changé de drapeau, et la misère était accroupie au coin de son foyer.

Je ne vous dirai pas, Messieurs, tout ce qu'un tel changement a pu faire naître de réflexions dans le cœur du peuple, je puis seulement vous assurer que ce n'était pas ainsi qu'il avait raisonné les conséquences de la révolution; il ne la comprend plus dès qu'elle s'écarte de ses intérêts.

Qui peut donc s'étonner aujourd'hui de ce qu'il proteste contre sa direction, par des moyens qui ne sont pas légitimes, il est vrai, mais qui, suivant lui, sont les seuls efficaces? Eh quoi! peut-il vous dire : Ce qu'on me montra comme du patriotisme, lorsqu'il fallut renverser un trône, est un crime aujourd'hui que je me lève, non pour renverser le nouveau qu'on m'a construit, mais pour lui rappeler énergiquement que ses promesses sont les seules bases de sa stabilité. Ah! que le peuple respecte l'ordre public, nous le désirons, la rébellion fut toujours un crime pour nous, et jamais un devoir; mais vous, qui devez le juger, appréciez ses lumières, ou plutôt son ignorance; il ne raisonne pas, il calcule son avenir. Eh bien! s'il le voit sous des couleurs sinistres, lui ferez-vous un crime de conjurer l'orage? Il ne raisonne pas, il compte les charges qui pèsent sur lui; chercher à s'en affranchir est chez lui une monomanie, à laquelle il ne sait de remède que ses désirs satisfaits. Eh bien! s'il croit, victime d'une grande erreur, sans doute, apercevoir à travers le prisme effrayant de sa misère, dans la direction des affaires publiques, un régime monomane d'impôts et de sinécures, lui réserverez-vous des chaînes, pour s'être cru en droit, un instant, d'être à son tour monomane d'économie, d'affranchissement et de liberté?

Voici, Messieurs les jurés, quelles ont été les espérances

et les erreurs de ce peuple que vous avez à juger ; telles ont été celles des accusés qui le représentent ici, et que je suis chargé de défendre.

Toutefois, n'allons pas trop loin, tout en accordant à ceux pour lesquels je parle ces sentimens, que leur inspira le désir d'un bien être, qui leur échappa encore une fois, il faut vous garder de croire, Messieurs, que ces considérations générales aient eu sur eux assez d'influence pour les lancer hors de leurs habitudes paisibles. Vous n'avez pas à juger de ces profés de rébellion qui déploient leurs colonnes mobiles dès qu'ils aperçoivent flotter au loin les étendards utopistes de leurs maîtres. Les populations de nos villes d'Auvergne, et principalement celle de sa capitale, puisent dans l'amour du travail cette indifférence pour les affaires publiques, qui, chez elles, n'est autre chose que la patience et la résignation dans les souffrances du pays, la soumission aux dépositaires du pouvoir, même lorsque tout s'agite autour d'elles. En un mot, la pratique de toutes les vertus civiques ; mais il est des causes plus spéciales, desquelles nécessairement ont dû résulter les événemens qui nous occupent.

Qui donc a pu arracher ainsi tant de familles aux jours de calme dont elles jouissaient ? Qu'elle est la voix sacrilége qui, la première, est venue donner à la porte de leur foyer le mot d'ordre de la révolte ?

L'examen des faits qui constituent cette cause va nous l'apprendre :

C'était le 26 août dernier, peu inquiets des troubles qui, la veille, avaient changé deux villages voisins en un bivouac protecteur de l'ordre public, les cultivateurs de Montferrand, rentrés chez eux, réparaient, par le repos, des forces que les pénibles travaux de la saison avaient absorbé pendant toute la journée. Jamais nuit ne s'était présentée sous de meilleurs auspices. Tout à coup, dans l'ombre vint à plâner un de ces génies, sinistres messagers de la discorde ; un bruit de tambours se fait entendre. Neuf heures avaient sonné. Un bruit aussi insolite, à une heure aussi indue, devait, vous n'en doutez pas, Messieurs, porter la surprise et l'émoi dans le cœur de

(10)

tous les habitans. Que dis-je, ne devait-il pas réveiller
davantage l'attention du citoyen qui n'oublia jamais que
la patrie déposa près de son chevet une arme pour la défense de ses foyers ? Aussi, au même instant la population
entière fût-elle aux écoutes, et prête à voler où le danger
semblait l'appeler.

Toutefois, ceux qui se trouvaient placés de manière à
voir ce qui se passait, sans sortir de chez eux, et ceux
qui les premiers étaient accourus en entendant ce bruit
d'allarme, ne tardèrent pas à s'apercevoir que la crainte
devait faire place à la curiosité. C'était, en effet, un bataillon du 57ᵉ de ligne qui s'en retournait à Riom, lieu de
sa garnison.

. Mais déjà la scène avait changé. Au mépris de la discipline, première garantie des vertus militaires, ce bataillon, qui nous dira par quel vertige, fit entendre les
cris : *A bas les rats !* au milieu des refrains de la Marseil-
laise et de la Parisienne.

Messieurs, il ne nous appartient pas de juger la
conduite de ces militaires. Chacun, au contraire, doit
aimer à trouver dans l'ivresse qui, sans doute, chez presque
tous, avait déjà troublé la raison, un généreux motif de
revenir sur le compte du 57ᵉ, à l'estime que notre brave
armée a su se concilier par sa discipline et son zéle à
défendre la tranquillité des citoyens. Il y a tout lieu de
le croire, revenus à eux-mêmes, ces soldats auront ré-
fléchi avec honte et repentir, qu'à eux seuls des citoyens
devraient la privation de leur liberté, des familles entières, la perte de leurs uniques soutiens. Nous devons
donc admettre qu'ils ne savaient ce qu'ils faisaient ; qu'ils
ignoraient que leurs cris étaient un brandon de discorde
qui ne tarderait guère à étendre ses ravages. Ces cris,
en effet, au fur et mesure qu'ils avançaient dans la ville
devinrent plus distincts, plus intelligibles, pour une foule
qui se grossissait successivement de tous ceux qui accou-
raient des rues plus éloignées.

. C'est ici que se présente le point le plus important de
cette affaire, la question de savoir s'il y a eu provocation ou non de la part des soldats. Le ministère public,

pour nous prouver que la provocation ne doit pas être
imputée au bataillon, vous signale un grouppe d'enfans
pris en flagrant délit, criant à tue tête : *A bas les rats !*
et vous le présente ici comme pièce de conviction. Je
l'avouerai, en songeant à la défense de mes cliens, je ne
m'étais pas attendu à rencontrer de pareils adversaires.
J'aurais toujours cru que ces personnages, selon les habitudes de familles, étaient couchés à neuf heures et demie
du soir, partant peu soucieux des contributions indirectes.

Mais puisque, sans rire, il faut renverser cette masse
imposante de conviction, nous vous dirons que tant que
vous ne nous citerez pas de témoins, non pas qui dé-
posent ici, mais qui se soient trouvés sur le théâtre des
événemens en position de s'assurer que ces enfans ont
proféré les premiers cris *à bas les rats,* vos témoins ins-
trumentaires ne seront pour moi que des perroquets,
répétant des mots qu'ils apprenaient du bataillon qu'ils
s'amusaient à suivre.

Mais il semble que l'accusation voit ici un fait plus
grave; elle me paraît avoir trouvé dans ces groupes in-
nocens les émissaires d'une conspiration projetée, les
éclaireurs d'une révolte conçue sur un plan vaste et cal-
culé. S'il en est ainsi, j'évite la discussion ; elle m'af-
flige. Je m'étonne qu'aussi gratuitement on flétrisse des
familles entières. Non, Messieurs, le peuple n'est pas
aussi immoral qu'on le suppose; quoique placé trop bas
pour jouir des bienfaits d'une belle éducation, dans cette
dernière classe sociale, le père connaît encore assez ses
devoirs envers Dieu, envers ses semblables, pour ne
pas donner à son fils des leçons de licence, qui, tôt ou
tard, pourraient devenir funestes à son autorité elle-
même.

Au surplus, nous ne suivrons pas davantage le ministère public dans l'examen des témoignages que vous
avez entendus sur ce sujet. Il nous suffit d'établir, et tous
les témoins sont ici d'accord, que n'eût été le bataillon,
Montferrand fût resté calme le 26 août dernier ; et tous
ceux qui étaient accourus sur le passage des soldats fussent
demeurés inoffensifs spectateurs de cette espèce de pa-
rade, qu'à dessein, Messieurs, n'en doutons pas, l'on

faisait défiler, tambour battant, sous les yeux d'une population reconnue ennemie des droits réunis, par cela seul qu'elle est vignicole, pour consolider chez elle le bon ordre par les forces fictives de la terreur ; en un mot, malgré le ministère public, nous verrons à la révolte qui a suivie, une véritable cause et non pas un prétexte, quoiqu'on affecte de vous répéter ici ce redit-on tiré du Dictionnaire des Parquets.

Ce point de la cause étant établi, et ce fait étant devenu constant au procès, que les soldats ont, sinon provoqués, du moins donné cause à la révolte ; il nous reste à examiner quelle part de criminalité vous devez accorder à ceux qui se sont laissé entraîner à ce mouvement.

Le bataillon avait passé vingt-quatre heures avant au milieu de Montferrand, sans donner aucune marque d'indiscipline. La figure des soldats semblait, au contraire, accablée par le chagrin de se voir peut-être bientôt dans la triste nécessité de tourner leurs armes contre des citoyens. Ils allaient appaiser les troubles d'Aubière et de Beaumont. Et voilà qu'au retour de cette conquête du bon ordre, ces mêmes soldats font entendre ces mêmes cris qu'ils étaient allé comprimer. Eh bien ! qui vous dit qu'un tel incident ne fût pas pour Montferrand toute une révolution ? Qui vous dit qu'alors ces hommes n'aient pas entrevu l'instant si heureux, l'espoir de tous leurs jours, l'abolition des droits réunis, l'exécution des promesses faites au peuple ? En un mot, n'ont-ils pas pu croire qu'en obéissant à ce mouvement, ils ne sortaient en rien de l'ordre légal, et non pas qu'ils se lançaient dans les événemens dont nous avons à déplorer les suites ; suites terribles, puisque, aujourd'hui, elles peuvent faire du bonheur, de la liberté, de tout l'avenir enfin, de ceux pour lesquels je parle, le jouet des jugemens humains !

L'impulsion étant donnée, les événemens marchèrent à pas de géans, l'étincelle brille pendant un plus longtemps sur le baril de poudre qu'il n'en fallût à l'effervescence populaire pour s'enflammer. En un instant le cri : *A bas les rats !* devint général ; la maison du buraliste fut assiégée, non pas par quelques individus faciles

à reconnaître, mais par une foule confuse. Les registres
furent déchirés, non pas, comme le prétend l'accusation,
par des savans versés dans la science des hiéroglyphes,
qui prirent le temps de s'amuser, sous le reverbère,
à distinguer des fleurs de lys ou des coqs, mais par une
masse d'hommes, d'enfans et de femmes, de femmes surtout,
qui se jetèrent dessus comme des chiens qui se disputent
leur proie, et les déchirèrent en mille pièces, afin, il
semble, que le vent en emportât plus vite le souvenir.

Actuellement, Messieurs, l'accusation peut bien, en
généralisant les faits, établir qu'il y a eu réunion illicite;
mais il est impossible qu'elle puisse vous prouver qu'il y
a eu rébellion avec toutes les circonstances aggravantes
qu'elle lui donne.....

Le défenseur discute ici sous ce rapport les chefs
de l'accusation. Arrivé à la circonstance de main
armée, il dit :

Aux yeux de la loi, Messieurs, la présence d'une arme
peut bien changer un délit en crime; mais aux termes
mêmes de la loi, il est aussi de votre mission d'appré-
cier les faits, de chercher toutes les circonstances qui
peuvent les atténuer; et certes, se trouvera t-il jamais
un cas plus exceptionnel que celui qui se présente ici?
Ferez-vous un crime à un garde national d'avoir pris un
fusil en entendant le tambour qu'il prit pour celui qui
guide son drapeau citoyen? Condamnerez-vous le plus
noble dévouement? Craignez alors qu'une telle décision
ne dégoûte une garde citoyenne dont la patrie a plus
que jamais besoin. Non, la présence d'une arme dans
une réunion ne sera pas pour vous une présomption du
crime, tant qu'il ne vous sera pas prouvé que cette arme
a protégé, facilité la révolte. Que l'accusation, au pre-
mier aspect d'une bayonnette se dispose à nous apprêter
les fers des articles 209 et 210 du Code pénal; ce n'est
pas dans votre Conseil équitable que l'on traite ainsi l'infortune des hommes, ce n'est pas ainsi qu'on leur ap-
planit la route des bagnes; l'humanité, a déjà dit :

Anathême à la promptitude de cette jurisprudence ac-
cusatrice.

Messieurs, voila la moralité de ce procès; je l'aban-
donne avec confiance à vos lumières, persuadé que la
vérité sortira brillante de clarté de votre délibération.
Actuellement, il me reste à examiner les charges qui
pèsent sur les trois prévenus que j'ai spécialement mission de défendre.

Après avoir combattu l'accusation dans tous ses
détails, relativement à ses trois cliens, le défenseur a
terminé en ces termes :

Messieurs les jurés,

Le pays vous contemple, c'est sa propre cause que
vous avez à juger; elle se lie toute entière au passé;
reportez-y vos souvenirs. Elle fut grande et belle l'occa-
sion de soulager les maux du peuple! Hélas! elle parut
comme un météore pour briller un instant et disparaître
bientôt dans l'oubli du temps...., et c'est vous que l'on
charge aujourd'hui de l'effacer à jamais de la mémoire
de ce peuple, en l'accablant sous la sévérité des lois.
L'on veut que vous fassiez de nos prisons la Sainte-Péla-
gie du fisc! L'on veut que cette cause serve à jamais
d'exemple! Il faudrait qu'au pilori dix cultivateurs de-
vinssent un épouventail salutaire! Quel zèle, Grand-
Dieu, qui nâvre l'âme! Ailleurs cherchez un exemple.
Les figures de ces malheureux n'ont point les traits hi-
deux du crime. Les larmes du peuple arroseraient le
pied de leur poteau; ils deviendraient ses idoles!
Que votre décision, Messieurs, réveille plutôt des
promesses solennelles faites au peuple. Je l'ai vu, ce
peuple, aux barricades. Ah! du haut de cette tribune populaire on ne lui parlait plus des besoins des rois, mais
de ses besoins personnels...!

Confiant dans ceux qui lui avaient promis son bonheur, il avait déjà oublié cette époque ; espérant l'avenir, il supportait le présent. Par quelle mission est-on venu arracher la population de Mont-Ferrand à cette tranquillité... ? Quelles intentions étaient les vôtres, vous, qui nous deviez l'exemple ; que dis-je, qui portiez des armes pour nous contenir dans le bon ordre ? Nous, en suivant l'impulsion que vous nous avez donnée et que nous ne vous demandions pas, nous avions cru conspirer encore la prospérité, le bonheur de notre pays, et le leurre fut encore une fois notre partage.... !

Et vous qui nous accusez, à notre infortune pourquoi donc ajouter l'injure ? De nos armes, dites-vous, nous avons fait des instrumens de désordre ? Eh bien, rendez-nous à la liberté, et vous verrez si l'air de vos prisons a souillé notre sang ? Vous verrez s'il est encore digne d'enflammer notre courage et d'armer notre bras contre les ennemis de la France !

Oui, Messieurs, vous comprenez ce langage, ce sont les derniers accens de douleur de ces hommes qui voient sous leurs pas s'entrouvrir les cachots. Ah ! rapportez-leur bientôt une réponse qui puisse consoler leurs familles, qui vous les demandent à grands cris.

Messieurs, ma tâche est remplie, et lorsque la vôtre va commencer, le trouble s'empare de mon âme. Cette cause est aussi la mienne. Cette toge que, pour la première fois, je porte dans le sanctuaire de la justice, en sortira-t-elle couverte du malheur de trois jeunes gens, baignée des larmes de trois familles entières ? Non, mes espérances ne seront pas trompées ; mes trois cliens reverront leurs foyers, ainsi que tous leurs compagnons d'infortune ; la liberté recouvrera des enfans qu'elle croyait perdus, et le pays bénira en vous les protecteurs de ses franchises.

FIN.

9 782329 156958